- ★ Erstes Lesealter
- ★ Große Schrift
- ★ Viele Illustrationen
- ★ Bekannte Autoren

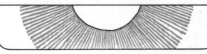

Paul Maar
Tier-ABC

Zeichnungen vom Autor

Verlag Friedrich Oetinger · Hamburg

© Verlag Friedrich Oetinger, Hamburg 1983
Alle Rechte vorbehalten
Einbandgestaltung: Manfred Limmroth
Titelbild und Illustrationen: Autor
Gesamtherstellung: J. Ebner, Ulm
Printed in Germany 1983
ISBN 3-7891-1654-8

A

Das Auerhuhn, das Auerhuhn,

das hat am Samstag viel zu tun.

B

Dem Biber, dem Biber,

dem wär 'ne Säge lieber.

C

Der Coyote, der Coyote

hebt in der Schule nie die Pfote.

E

Der Elefant, der Elefant

ist hier im Laden wohlbekannt.

F

Die Fledermaus, die Fledermaus

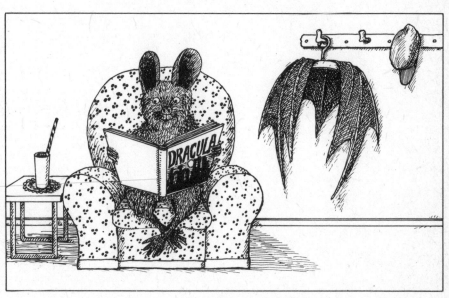

zieht manchmal ihre Fledern aus.

G

Die Gemse, die Gemse

verwechselt Gas und Bremse.

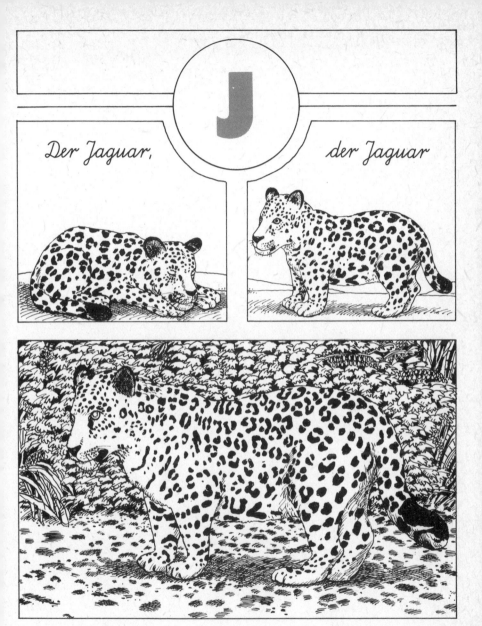

Der Jaguar, der Jaguar ist manches Mal fast unsichtbar.

L

Der Leguan, der Leguan,

der schaut sich gerne „Dallas" an.

M

Das Murmeltier, das Murmeltier

spielt gern mit Murmeln (so wie hier).

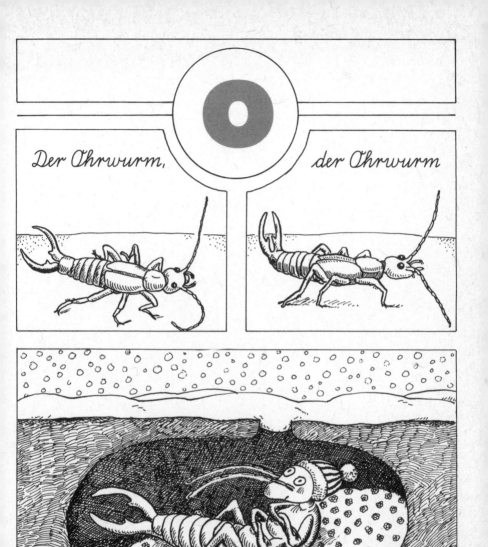

P

Den Pinguin, den Pinguin

zieht es zu seinen Freunden hin.

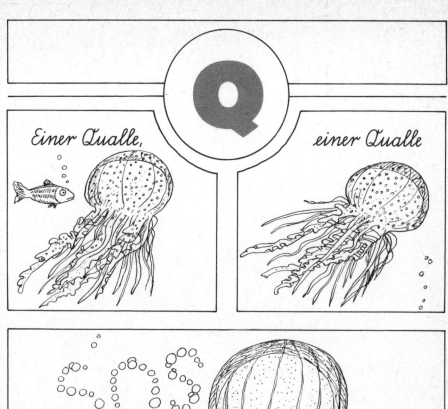

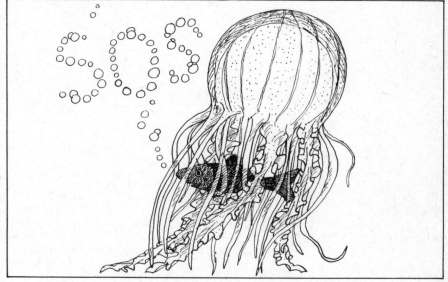

geht so mancher in die Falle.

T

Der Tiger, der Tiger,

1. INTERNATIONALER STREIFENWETTBEWERB

der denkt, er wird der Sieger.

V

Dem Vielfraß, dem Vielfraß

macht auch das Trinken viel Spaß.

Das Warzenschwein, das Warzenschwein

kauft heute wieder billig ein.

Z

Das Zebra, das Zebra

befaßt sich mit Algebra.

Was man mit dem Tier-ABC alles machen kann

Gestern besuchte mich Hannes. Hannes wohnt im Nachbarhaus. Er ist acht Jahre alt.
Hannes fragte: „Was machst du gerade?"
Ich sagte: „Ich zeichne ein Tier-ABC."

Wir schauten zusammen die Blätter an. Dabei merkte ich, daß man das Tier-ABC nicht nur betrachten und lesen kann.
Man kann damit noch viel mehr!
Ich sagte zu Hannes: „Auf den linken Seiten kommt immer ein Tier *neu* dazu.
Am Anfang steht nur das Auerhuhn.

Auf der nächsten Seite sind es schon zwei Tiere.

Am Ende kann man 25 Tiere
auf einem Blatt zählen!"
„Zählen?" sagte Hannes. „Gute Idee!"
Und er fing an, die Tiere zu zählen.
Auf den ersten Seiten ging das ganz leicht.
Da waren es ja nur wenige Tiere.
Aber bald wurde es schwieriger.
Denn auf manchen Bildern sind die Tiere versteckt.

Da sieht man vom Biber
nur den Schwanz

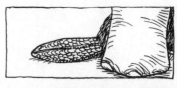

oder vom Stachelschwein
nur die Stacheln

oder vom Nashorn
nur das Horn.

Es dauerte eine ganze Weile, bis Hannes alle Tiere gefunden und gezählt hatte.
„Das war ein schönes Spiel", sagte er dann.
„Weißt du noch eines?"
Ich überlegte. Dann hatte ich eine Idee.
„Zeig mir auf jeder Seite das Tier, das *neu* dazugekommen ist!" sagte ich.
Hannes fing wieder von vorne an und suchte die neuen Tiere.
„Und was soll ich jetzt machen?" fragte er, als er damit fertig war.
Ich überlegte. Dann hatte ich eine Idee.
„Nun mußt du mir bei jedem Tier sagen, wie es heißt", schlug ich ihm vor. Und Hannes fing wieder von vorne an.
Bei manchen Tieren ist das leicht, die kennt jeder:

Aber bei einigen muß man erst überlegen, wie sie heißen. Zum Beispiel bei denen:

„Und was machen wir jetzt?" fragte Hannes, als er alle Tiere beim Namen genannt hatte.
Ich überlegte. Dann hatte ich eine Idee.
„Nun mußt du alle Tiere in der richtigen Reihenfolge suchen", sagte ich.
„Was heißt das?" fragte Hannes.
Ich sagte: „Die Buchstaben im ABC haben doch eine Reihenfolge: A, B, C, D, E, F, G und so weiter, bis zum Z.
Du suchst zuerst das Tier mit A, dann das mit B. Vom Auerhuhn bis zum Zebra."
„Aber ich kann das ABC nur bis zum H", sagte Hannes. „Was kommt eigentlich nach dem H?"
„Schau einfach nach, welches Tier neu dazukommt. Dann weißt du, welcher Buchstabe als nächster dran ist", sagte ich.
Diesmal dauerte es eine ganze Weile, bis Hannes auch auf dem letzten Blatt alle Tiere richtig aufzählen konnte. Vom Auerhuhn bis zum Zebra.
Aber er schaffte es.

Dann fragte er: „Was machen wir jetzt?"
Ich überlegte. Dann hatte ich eine Idee.
„Jetzt mußt du noch etwas auf den
Bildern suchen", sagte ich.
„Was soll ich denn suchen?" fragte Hannes.
Ich sagte: „Auf welchem Bild zieht das Känguruh
das Warzenschwein am Schwanz?"
Hannes schaute alle Bilder an, bis er das richtige
gefunden hatte.
Ich fragte weiter: „Auf welchem Bild trinkt der
Vielfraß der Qualle das Wasser weg?"
Als Hannes das Bild gefunden hatte, sagte er:
„Jetzt frage ich dich! Auf welchem Bild beißt der
Biber das Känguruh?"
Ich mußte eine ganze Weile suchen. (Obwohl ich
das Bild ja selbst gezeichnet habe.)
Wir fragten uns jetzt gegenseitig.
Hier sind ein paar Fragen:
Auf welchem Bild schläft der Coyote?
Auf welchem Bild schenkt das Murmeltier dem
Biber eine Murmel?
Auf welchem Bild *sitzt* die Fledermaus?
Auf welchem Bild spielt der Elefant Rutschbahn?
Auf welchem Bild trägt das Känguruh das Auer-
huhn in seinem Beutel?
Auf welchem Bild ärgert die Ratte den Hund?
Nachdem wir uns ganz viele Fragen gestellt
hatten, fragte Hannes:

„Und was machen wir jetzt?"
Ich überlegte. Diesmal hatte ich keine Idee.
„Mir fällt nichts mehr ein", sagte ich.
„Schade", sagte Hannes enttäuscht.
Ich überlegte noch einmal.
„Ich habe doch eine Idee", sagte ich.
„Ich zeichne dir noch ein Rätsel. Ein Tier-Rätsel.
In Geheimschrift. Das löst du noch, dann gehst
du nach Hause."
Hier ist das Rätsel:

SONNE · MOND · UND · STERNE
Die Oetinger Kinderbuch-Reihe

Elfie Donnelly
Willi, Tierarzt für Kinder

Josef Guggenmos
Herr Dachs lädt
zum Geburtstag ein

James Krüss
Florian auf der Wolke

Der Zauberer Korinthe
und andere Gedichte
*Buch des Monats der
Deutschen Akademie für
Kinder- und Jugend-
literatur*

Angelika Kutsch
Micki malt das Meer

Astrid Lindgren
Lotta zieht um

Pippi plündert
den Weihnachtsbaum

Barbro Lindgren-Enskog
Ein Schwesterchen
für Kalle

Paul Maar
Die Eisenbahn-Oma
*Auswahlliste zum
Deutschen Jugend-
literaturpreis*

Tier-ABC

Die vergessene Tür

Christine Nöstlinger
Ein Kater
ist kein Sofakissen

Hans Peterson
Malin im Dschungel

Margret und Rolf Rettich
Gesagt ist gesagt

Von ruppigen, struppigen
Seeräubern

David Henry Wilson
Ich bin ein Superhund

Paul Maar
Die Eisenbahn-Oma

James Krüss
Der Zauberer
Korinthe
und andere
Gedichte

Christine Nöstlinger
Ein Kater
ist kein Sofakissen

Astrid Lindgren
Pippi plündert den
Weihnachtsbaum

Margret und Rolf Rettich
Von ruppigen,
struppigen Seeräubern

Barbro Lindgren-Enskog
Ein Schwesterchen
für Kalle